SPANISH
MATH
WORKBOOK
FOR KIDS

Spanish Math Workbook for Kids
© Kyra Starr. All rights reserved.

No part of this publication may be reproduced, distributed, or transmitted, in any form or by any means, including photocopying, recording, or other electronic or mechanical methods, without prior written permission of the publisher, except in the case of brief quotations embodied in critical reviews and certain other noncommercial uses permitted by copyright law.

This book belongs to
_____
- -
_____

Adding Numbers

Write the correct numbers in the blanks below.
The first answer has been filled in for you.

Cinco + Tres = **Ocho**

Dos + Cuatro = _____

Nueve + Seis = _____

Siete + Uno = _____

Tres + Dos = _____

Cuatro + Seis = _____

Ocho + Siete = _____

Seis + Tres = _____

Uno + Nueve = _____

Cinco + Seis = _____

Adding Numbers

Write the correct numbers in the blanks below.
The first answer has been filled in for you.

Ocho + Cinco = **TRECE**

Dos + Tres = _____

Siete + Cuatro = _____

Nueve + Dos = _____

Seis + Siete = _____

Tres + Seis = _____

Cinco + Cuatro = _____

Uno + Ocho = _____

Cuatro + Tres = _____

Seis + Nueve = _____

Adding Numbers

Write the correct numbers in the blanks below.
The first answer has been filled in for you.

Tres + Seis = __Nueve__

Dos + Cuatro = _____

Seis + Nueve = _____

Siete + Tres = _____

Nueve + Seis = _____

Tres + Ocho = _____

Cuatro + Siete = _____

Cinco + Dos = _____

Uno + Nueve = _____

Seis + Cuatro = _____

Adding Numbers

Write the correct numbers in the blanks below.
The first answer has been filled in for you.

Ocho + Tres = **ONCE**

Dos + Siete = _____

Seis + Cuatro = _____

Nueve + Uno = _____

Cinco + Seis = _____

Tres + Nueve = _____

Cuatro + Ocho = _____

Uno + Dos = _____

Siete + Cinco = _____

Nueve + Cuatro = _____

Circle the bigger Number

Read both numbers in the box and circle the bigger one.

Siete - Trece

Dieciocho - Dos

Nueve - Quince

Cuatro - Once

Dieciséis - Tres

Circle the bigger Number

Read both numbers in the box and circle the bigger one.

- Ocho - Diecisiete
- Tres - Doce
- Diez - Veinte
- Seis - Catorce
- Trece - Dieciocho

Brain Break

O	V	H	E	B	T	Q	L
T	D	A	S	U	I	T	E
Y	O	P	S	W	B	E	C
U	R	N	G	O	I	W	H
M	M	N	P	C	A	C	E
H	I	S	T	O	R	I	A
Q	R	T	U	D	M	O	B
W	G	V	N	O	C	H	E

VASO
CUP

DORMIR
TO SLEEP

NOCHE
NIGHT

LECHE
MILK

HISTORIA
STORY

TIBIA
WARM

Name:_____ Date:_____

Spot the Difference

Directions: Circle the object that doesn't belong.

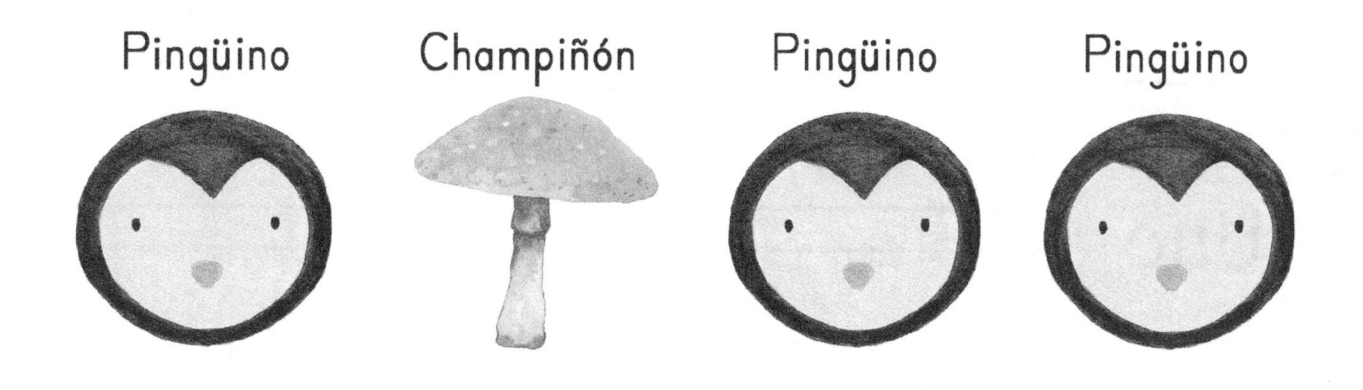

| Planta | Gato | Gato | Gato |

| Conejo | Conejo | Té | Conejo |

| Pingüino | Champiñón | Pingüino | Pingüino |

Name: _____ Date: _____

Spanish
Number Matching

Directions: Match the numbers to their Spanish counterparts.

1	2	3	4

Uno

Dos
Two

Tres

Cuatro
Four

Uno
One

Dos

Tres
Three

Cuatro

Name: _____ Date: _____

Spanish
Number Matching

Directions: Match the numbers to their Spanish counterparts.

5	6	7	8

Cinco	Seis Six	Siete	Ocho Eight
Cinco Five	Seis	Siete Seven	Ocho

Name: _____ Date: _____

Spanish
Number Matching

Directions: Match the numbers to their Spanish counterparts.

9	10	11	12

Nueve

Diez
Ten

Once

Doce
Twelve

Nueve
Nine

Diez

Once
Eleven

Doce

Name: _____ Date: _____

Spanish
Number Matching

Directions: Match the numbers to their Spanish counterparts.

13	14	15	16

Trece

Catorce
Fourteen

Quince

Dieciséis
Sixteen

Trece
Thirteen

Catorce

Quince
Fifteen

Dieciséis

Brain Break

O	S	H	E	B	H	P	T
T	H	O	J	A	S	L	I
A	P	P	A	W	I	A	E
U	G	N	G	R	P	N	R
M	G	U	P	C	N	T	R
D	H	K	A	Z	V	A	A
S	E	M	I	L	L	A	B
W	G	V	J	F	B	N	L

SEMILLA
SEED

PLANTA
PLANT

TIERRA
DIRT / EARTH

AGUA
WATER

HOJAS
LEAVES

Name: _____ Date: _____

Spanish
Number Matching

Directions: Match the numbers to their Spanish counterparts.

17	18	19	20

Diecisiete

Dieciocho
Eighteen

Diecinueve

Veinte
Twenty

Diecisiete
Seventeen

Dieciocho

Diecinueve
Nineteen

Veinte

Más or Menos

Read each problem in Spanish
and write either más or menos in the space below.

Cuatro	_____	Nueve	=	13
Diez	_____	Tres	=	7
Siete	_____	Cinco	=	12
Catorce	_____	Seis	=	8
Dos	_____	Doce	=	14
Trece	_____	Seis	=	7
Nueve	_____	Cuatro	=	13
Dieciséis	_____	Nueve	=	7
Ocho	_____	Siete	=	15
Diecinueve	_____	Nueve	=	10

Más means "plus" or "addition" in Spanish	"Menos" means "minus" or "subtraction" in Spanish

Más or Menos

Read each problem in Spanish and write either más or menos in the space below.

Tres	_____	Dieciséis	=	19
Once	_____	Tres	=	8
Cinco	_____	Ocho	=	13
Dieciséis	_____	Siete	=	9
Doce	_____	Tres	=	15
Catorce	_____	Siete	=	7
Ocho	_____	Seis	=	14
Dieciocho	_____	Ocho	=	9
Nueve	_____	Nueve	=	18
Veinte	_____	Diez	=	10

Más means "plus" or "addition" in Spanish

"Menos" means "minus" or "subtraction" in Spanish

Más or Menos

Read each problem in Spanish and write either más or menos in the space below.

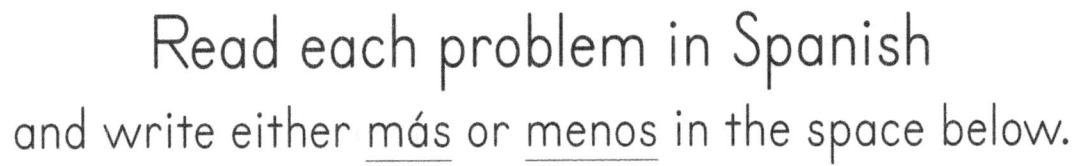

Cinco	_____	Once	=	16
Trece	_____	Seis	=	7
Siete	_____	Ocho	=	15
Quince	_____	Ocho	=	7
Tres	_____	Tres	=	13
Catorce	_____	Siete	=	16
Doce	_____	Cuatro	=	8
Dos	_____	Trece	=	18
Diecisiete	_____	Ocho	=	7
Cuatro	_____	Tres	=	15

Más means "plus" or "addition" in Spanish

"Menos" means "minus" or "subtraction" in Spanish

Más or Menos

Read each problem in Spanish and write either más or menos in the space below.

Cinco	_____	Once	=	16
Trece	_____	Seis	=	7
Siete	_____	Ocho	=	15
Quince	_____	Seis	=	9
Tres	_____	Diez	=	13
Catorce	_____	Siete	=	7
Doce	_____	Cuatro	=	16
Dos	_____	Trece	=	15
Diecisiete	_____	Nueve	=	8
Cuatro	_____	Catorce	=	18

Más means "plus" or "addition" in Spanish

"Menos" means "minus" or "subtraction" in Spanish

Circle the bigger Number

Read both numbers in the box and circle the bigger one.

Ocho - Diecisiete

Tres - Once

Diez - Dieciséis

Seis - Nueve

Trece - Catorce

Circle the bigger Number

Read both numbers in the box and circle the bigger one.

- Diecisiete – Dos
- Cuatro – Quince
- Once – Veinte
- Dos – Diecisiete
- Nueve – Tres

Circle the bigger Number

Read both numbers in the box and circle the bigger one.

Catorce - Ocho

Diecinueve - Trece

Seis - Cuatro

Trece - Once

Diecisiete - Quince

Circle the bigger Number

Read both numbers in the box and circle the bigger one.

- Ocho – Dos
- Tres – Nueve
- Diez – Seis
- Seis – Trece
- Trece – Diecisiete

Brain Break

F	S	H	E	B	H	P	G
T	I	O	S	U	Y	E	V
Y	P	E	A	W	I	R	E
U	K	N	S	R	P	F	S
M	G	N	P	T	N	E	T
D	H	K	L	Z	A	C	I
Q	B	T	U	D	M	T	D
A	R	M	A	R	I	O	O

VESTIDO
DRESS

PERFECTO
PERFECT

FIESTA
PARTY

ARMARIO
CLOSET

Name:_____ Date:_____

What comes next?

Directions: Count the numbers in your head and circle what comes next.

1 Uno	2 Dos	3 Tres	5 / 4 / 2
5 Cinco	6 Seis	7 Siete	1 / 7 / 8
4 Cuatro	5 Cinco	6 Seis	7 / 9 / 3

Name:_____ Date:_____

What comes next?

Directions: Count the numbers in your head and circle what comes next.

8 Ocho	9 Nueve	10 Diez	5 / 11 / 2

3 Tres	4 Cuatro	5 Cinco	2 / 7 / 6

2 Dos	3 Tres	4 Cuatro	7 / 5 / 3

Name:_____ Date:_____

What comes next?

Directions: Count the numbers in your head and circle what comes next.

2 Dos	3 Tres	4 Cuatro	5 / 4 / 2
7 Siete	8 Ocho	9 Nueve	1 / 7 / 10
5 Cinco	6 Seis	7 Siete	8 / 9 / 3

4 Cuatro *Four*	**3** Tres *Three*
2 Dos *Two*	**1** Uno *One*

8 Ocho *Eight*	**7** Siete *Seven*
6 Seis *Six*	**5** Cinco *Five*

12
Doce
Twelve

11
Once
Eleven

10
Diez
Ten

9
Nueve
Nine

16
Dieciséis
Sixteen

15
Quince
Fifteen

14
Catorce
Fourteen

13
Trece
Thirteen

20 Veinte *Twenty*	**19** Diecinueve *Nineteen*
18 Dieciocho *Eighteen*	**17** Diecisiete *Seventeen*

Name: _____ Date: _____

Numbers Word Search

Directions: Find and circle the Spanish words. Look for words in all directions: top-down, left-right and diagonal.

O	S	H	E	B	H	Q	G
C	I	N	C	O	Y	C	Q
Y	P	P	A	C	I	U	U
S	K	N	G	H	P	A	R
E	G	N	P	O	N	T	T
I	H	K	L	Z	V	R	R
S	B	T	U	D	M	O	E
W	S	I	E	T	E	N	S

TRES — THREE
CINCO — FIVE
SIETE — SEVEN
CUATRO — FOUR
SEIS — SIX
OCHO — EIGHT

Rana
Frog

Name:_____ Date:_____

Trace the Number

Directions: How many bicycles do you see? Trace the numbers to find out!

Una Bicicleta

Uno Uno Uno

One One One

1 1 1 1 1

Name:_____ Date:_____

Trace the Number

Directions: How many lions do you see? Trace the numbers to find out!

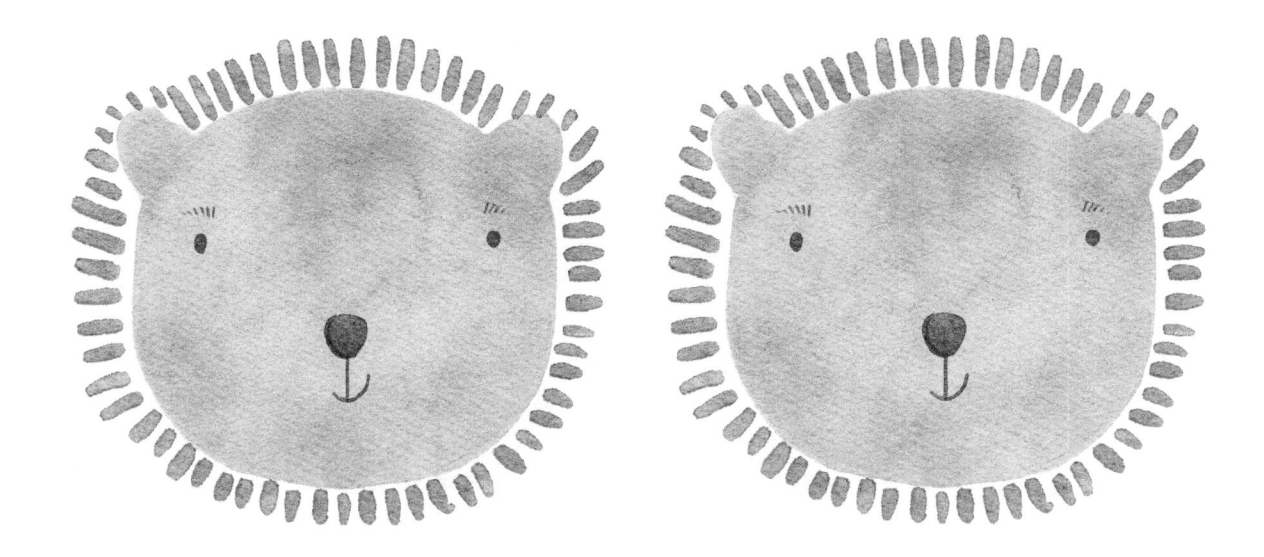

Dos Leones

Dos Dos Dos

Two Two Two

2 2 2 2

Name:_____ Date:_____

Trace the Number

Directions: How many elephants do you see? Trace the numbers to find out!

Tres Elefantes

Tres Tres Tres

Three Three

3   3   3   3   3

Name:_____ Date:_____

Trace the Number

Directions: How many cups of tea do you see? Trace the numbers to find out!

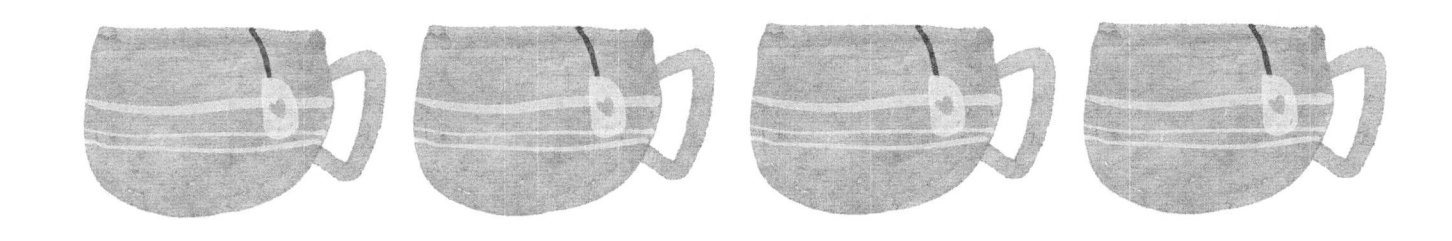

Cuatro Té

Cuatro Cuatro

Four Four Four

4 4 4 4 4

Name:_____ Date:_____

Trace the Number

Directions: How many cherries do you see? Trace the numbers to find out!

Cinco Cerezas

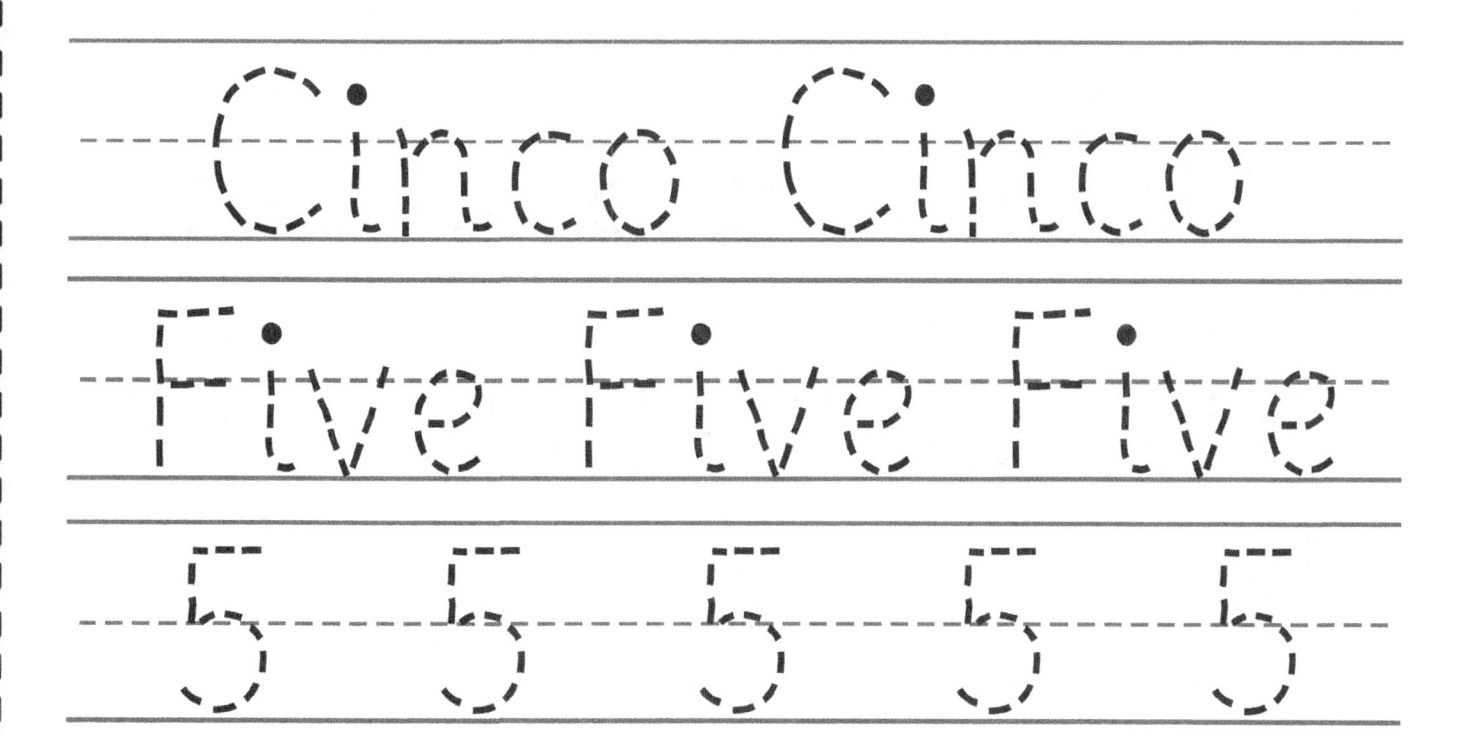

Cinco Cinco

Five Five Five

5 5 5 5 5

Name:_____ Date:_____

Trace the Number

Directions: How many pandas do you see? Trace the numbers to find out!

Seis Pandas

Seis Seis Seis

Six Six Six Six

6 6 6 6 6

Name:_____ Date:_____

Trace the Number

Directions: How many hats do you see? Trace the numbers to find out!

Siete Sombreros

Siete Siete

Seven Seven

7 7 7 7 7

Name:_____ Date:_____

Trace the Number

Directions: How many moons do you see? Trace the numbers to find out!

Ocho Lunas

Ocho Ocho

Eight Eight

8 8 8 8 8

Name:_____ Date:_____

Trace the Number

Directions: How many penguins do you see? Trace the numbers to find out!

Nueve Pinguinos

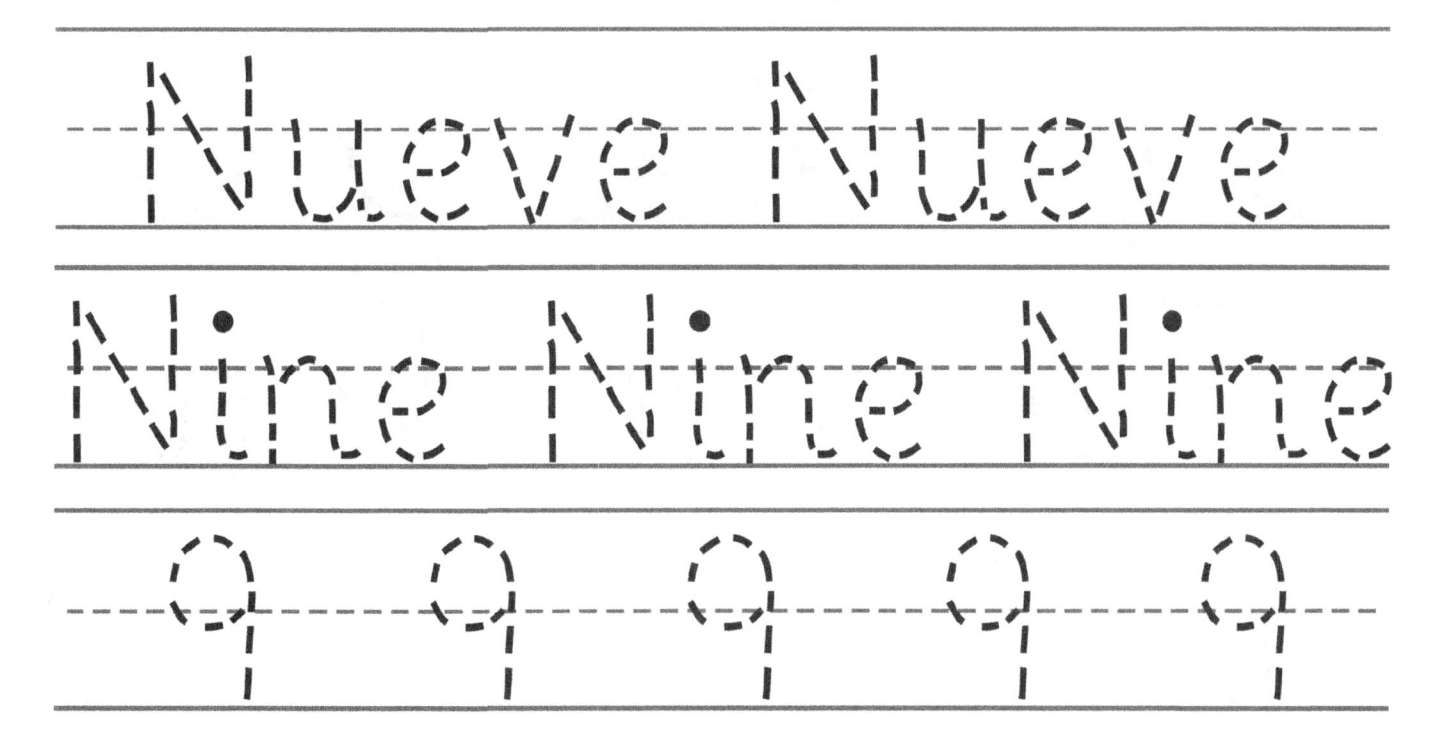

Nueve Nueve

Nine Nine Nine

9 9 9 9 9

Name:_____ Date:_____

Trace the Number

Directions: How many giraffes do you see? Trace the numbers to find out!

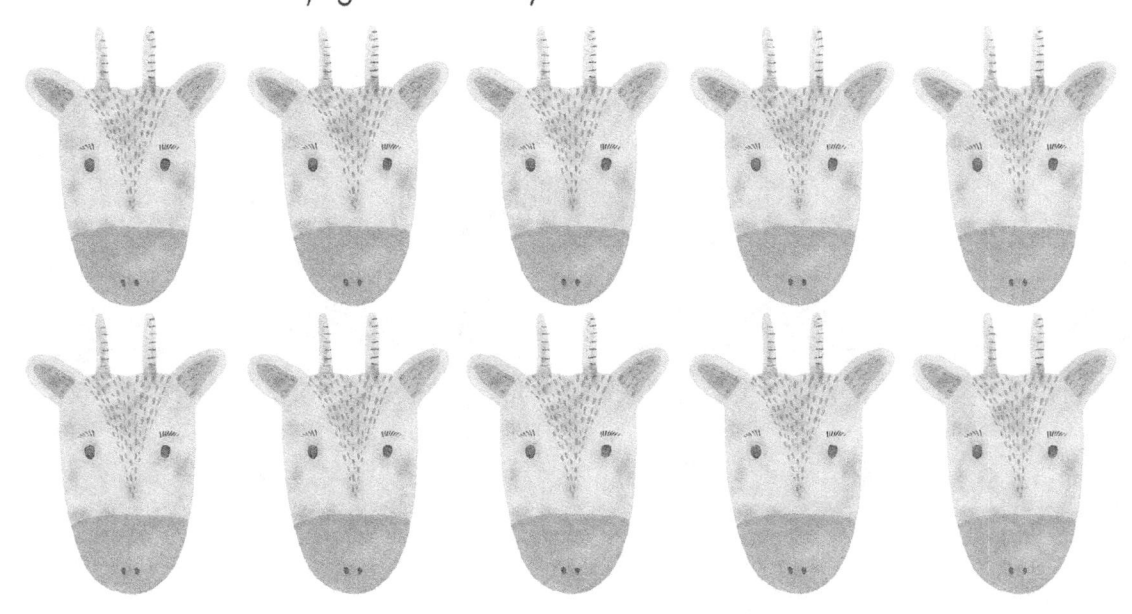

Diez Jirafas

Diez Diez Diez

Ten Ten Ten

10 10 10 10

Subtracting Numbers

Write the correct numbers in the blanks below.
The first answer has been filled in for you.

Ocho - Tres = **Cinco**

Diez - Cuatro = _____

Dieciséis - Siete = _____

Dieciocho - Uno = _____

Quince - Nueve = _____

Diecisiete - Ocho = _____

Catorce - Cinco = _____

Diez - Dos = _____

Dieciséis - Nueve = _____

Veinte - Tres = _____

Subtracting Numbers

Write the correct numbers in the blanks below.
The first answer has been filled in for you.

Dieciséis - Tres = **TRECE**

Doce - Cinco = _____

Dieciocho - Siete = _____

Veinte - Nueve = _____

Quince - Dos = _____

Dieciséis - Ocho = _____

Catorce - Seis = _____

Diez - Uno = _____

Diecinueve - Diez = _____

Diecisiete - Cuatro = _____

Subtracting Numbers

Write the correct numbers in the blanks below.
The first answer has been filled in for you.

Quince – Tres = _Doce_

Dieciocho – Seis = _____

Diez – Cuatro = _____

Veinte – Nueve = _____

Catorce – Dos = _____

Dieciséis – Ocho = _____

Trece – Cinco = _____

Doce – Uno = _____

Diecisiete – Diez = _____

Diecinueve – Cuatro = _____

Subtracting Numbers

Write the correct numbers in the blanks below.
The first answer has been filled in for you.

Diecinueve − Dos = __DIECISIETE__

Ocho − Dos = _____

Quince − Seis = _____

Dieciséis − Tres = _____

Dieciocho − Siete = _____

Diez − Cinco = _____

Trece − Ocho = _____

Doce − Cuatro = _____

Catorce − Uno = _____

Diecisiete − Nueve = _____

Brain Break

H	I	S	T	O	R	I	A	
T	I	B	N	U	Y	T	Q	
Y	P	A	A	U	I	E	U	
U	K	R	G	R	E	W	R	
M	G	R	P	C	N	V	H	
A	M	I	G	O	V	V	O	
P	R	O	G	R	A	M	A	
N	O	T	I	C	I	A	S	

AMIGO
FRIEND

PROGRAMA
SHOW

NUEVO
NEW

NOTICIAS
NEWS

HISTORIA
STORY

Perro
Dog

Brain Break

C	I	E	L	O	H	Q	A
L	P	O	S	U	Y	T	R
L	P	L	A	S	I	E	C
U	K	N	A	R	O	W	O
V	G	N	P	N	N	L	I
I	H	K	L	Z	T	V	R
A	B	T	U	D	M	A	I
W	C	O	L	O	R	E	S

LLUVIA
RAIN

COLORES
COLORS

PLANTAS
PLANTS

SOL
SUN

ARCO IRIS
RAINBOW

CIELO
SKY

Circle the bigger Number

Read both numbers in the box and circle the bigger one.

| Diecisiete – Nueve |

| Cuatro – Quince |

| Once – Dieciséis |

| Catorce – Cinco |

| Diecinueve – Siete |

Circle the bigger Number

Read both numbers in the box and circle the bigger one.

Dos – Diez

Diecisiete – Ocho

Nueve – Dieciocho

Seis – Doce

Trece – Veinte

Circle the bigger Number

Read both numbers in the box and circle the bigger one.

- Diecisiete - Tres
- Cuatro - Once
- Quince - Dieciséis
- Dos - Catorce
- Nueve - Diecinueve

Circle the bigger Number

Read both numbers in the box and circle the bigger one.

| Seis – Ocho |

| Trece – Diecisiete |

| Dos – Nueve |

| Quince – Catorce |

| Veinte – Cinco |

Adding Numbers

Write the correct numbers in the blanks below.
The first answer has been filled in for you.

Seis + Nueve = __Quince__

Tres + Dos = _____

Ocho + Cuatro = _____

Cinco + Siete = _____

Dos + Ocho = _____

Nueve + Tres = _____

Cuatro + Seis = _____

Siete + Uno = _____

Uno + Cinco = _____

Ocho + Dos = _____

Adding Numbers

Write the correct numbers in the blanks below.
The first answer has been filled in for you.

Cuatro + Tres = **SIETE**

Nueve + Seis = _____

Cinco + Dos = _____

Ocho + Siete = _____

Tres + Uno = _____

Seis + Cuatro = _____

Dos + Nueve = _____

Siete + Cinco = _____

Uno + Ocho = _____

Cuatro + Seis = _____

Adding Numbers

Write the correct numbers in the blanks below.
The first answer has been filled in for you.

Nueve + Ocho = **DIECISIETE**

Cinco + Siete = _____

Tres + Cuatro = _____

Dos + Seis = _____

Siete + Nueve = _____

Ocho + Cinco = _____

Seis + Tres = _____

Cuatro + Dos = _____

Uno + Siete = _____

Tres + Dos = _____

Adding Numbers

Write the correct numbers in the blanks below.
The first answer has been filled in for you.

Nueve + Seis = QUINCE

Cinco + Ocho = _____

Uno + Tres = _____

Siete + Cuatro = _____

Seis + Dos = _____

Cuatro + Siete = _____

Nueve + Tres = _____

Ocho + Uno = _____

Dos + Cinco = _____

Tres + Seis = _____

Adding Numbers

Write the correct numbers in the blanks below.
The first answer has been filled in for you.

Siete + Ocho = **DIECISÉIS**

Nueve + Dos = _____

Uno + Cuatro = _____

Seis + Siete = _____

Cinco + Tres = _____

Dos + Nueve = _____

Cuatro + Ocho = _____

Ocho + Seis = _____

Nueve + Cinco = _____

Tres + Uno = _____

Adding Numbers

Write the correct numbers in the blanks below.
The first answer has been filled in for you.

Siete + Dos = __NUEVE__

Uno + Nueve = _____

Cuatro + Tres = _____

Cinco + Seis = _____

Dos + Cuatro = _____

Seis + Nueve = _____

Siete + Cinco = _____

Nueve + Uno = _____

Ocho + Dos = _____

Tres + Siete = _____

Brain Break

E	P	L	E	B	H	Q	D
S	E	O	Á	U	Y	T	I
P	R	P	A	P	I	E	B
A	F	N	G	R	I	W	U
C	E	N	P	C	N	Z	J
I	C	O	H	E	T	E	A
O	T	T	U	D	M	O	R
S	O	L	U	C	I	Ó	N

COHETE
ROCKET

DIBUJAR
TO DRAW

LÁPIZ
PENCIL

ESPACIO
SPACE

PERFECTO
PERFECT

SOLUCIÓN
SOLUTION

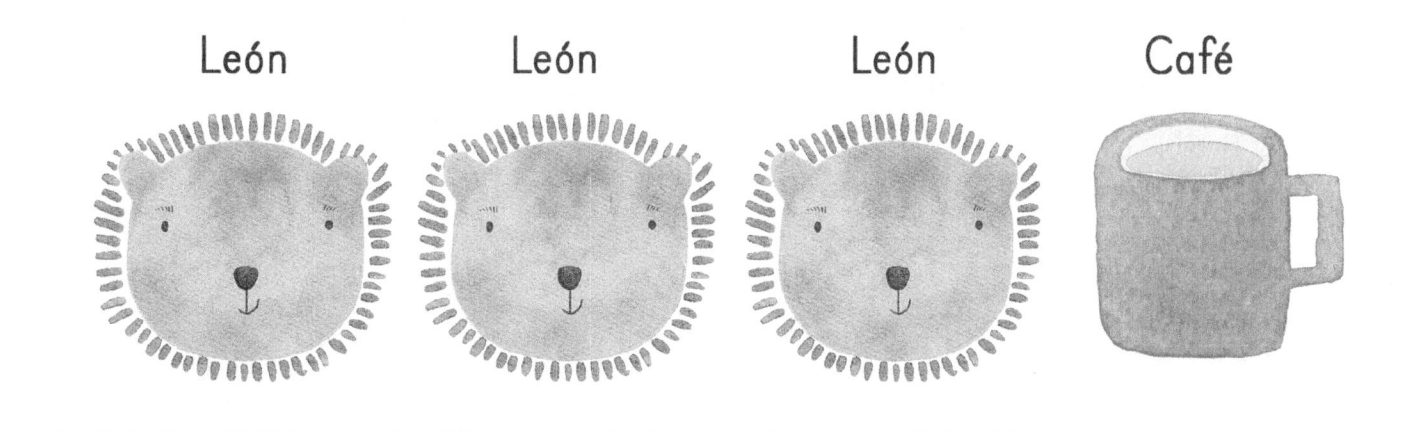

Name:_____ Date:_____

Spot the Difference

Directions: Circle the object that doesn't belong.

| Oso | Bicicleta | Oso | Oso |

| León | León | León | Café |

| Cebra | Cebra | Tierra | Cebra |

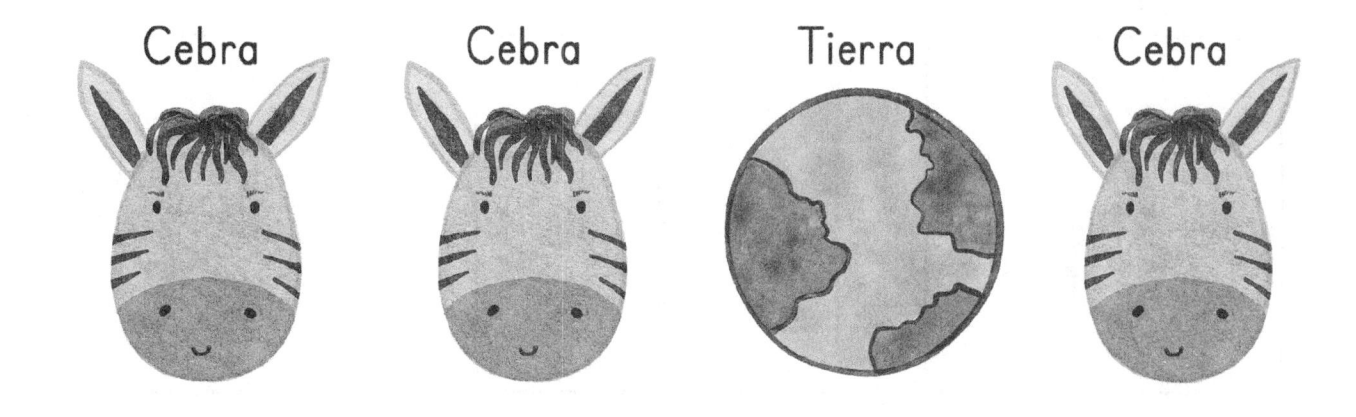

Name:_____ Date:_____

How many can I count?

Directions: Count the bicycles below and circle the correct number.

SEIS	UNO	NUEVE
6	1	9

Name:_____ Date:_____

How many can I count?

Directions: Count the lions below and circle the correct number.

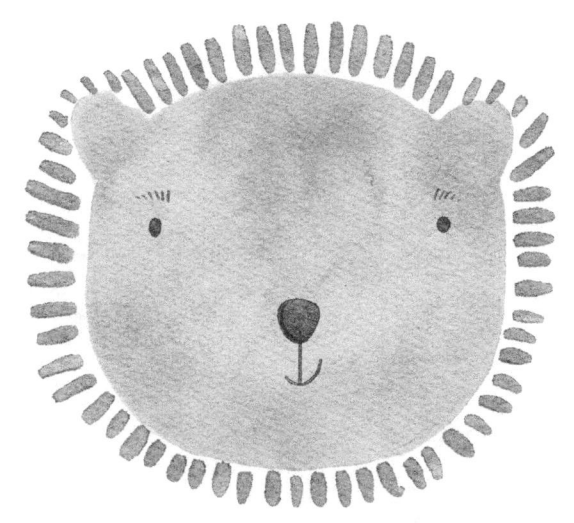

TRES	CINCO	DOS
3	5	2

Name:_____ Date:_____

How many can I count?

Directions: Count the elephants below and circle the correct number.

DOS | TRES | CINCO
2 | 3 | 5

Name:_____ Date:_____

How many can I count?

Directions: Count the tea cups below and circle the correct number.

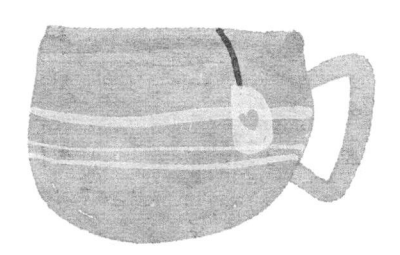

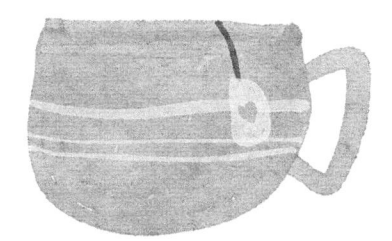

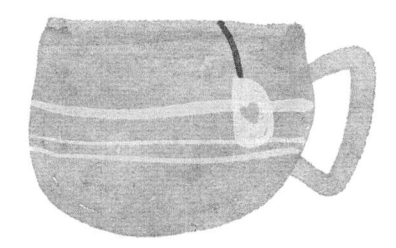

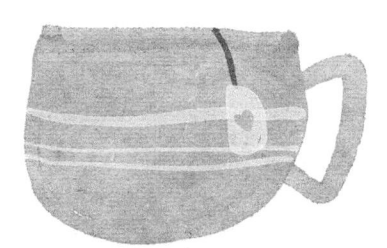

CUATRO | OCHO | DOS
4 | 8 | 2

Name:_____ Date:_____

How many can I count?

Directions: Count the cherries below and circle the correct number.

SIETE	CINCO	CUATRO
7	5	4

Name:_____ Date:_____

How many can I count?

Directions: Count the pandas below and circle the correct number.

SEIS UNO NUEVE
6   1   9

Brain Break

O	R	E	G	A	L	O	G
T	C	O	S	U	Y	T	Q
Y	U	L	A	W	I	E	U
U	E	I	G	R	P	W	R
M	N	B	P	L	E	E	R
D	T	R	L	Z	V	V	H
Q	O	O	U	D	M	O	B
W	G	V	J	F	B	N	L

CUENTO
STORY

LIBRO
BOOK

REGALO
PRESENT

LEER
TO READ

Pata
Duck

Name:_____ Date:_____

How many can I count?

Directions: Count the hats below and circle the correct number.

SEIS	NUEVE	SIETE
6	9	7

Name:_____ Date:_____

How many can I count?

Directions: Count the moons below and circle the correct number.

OCHO CUATRO CINCO

8 4 5

Name:_____ Date:_____

How many can I count?

Directions: Count the penguins below and circle the correct number.

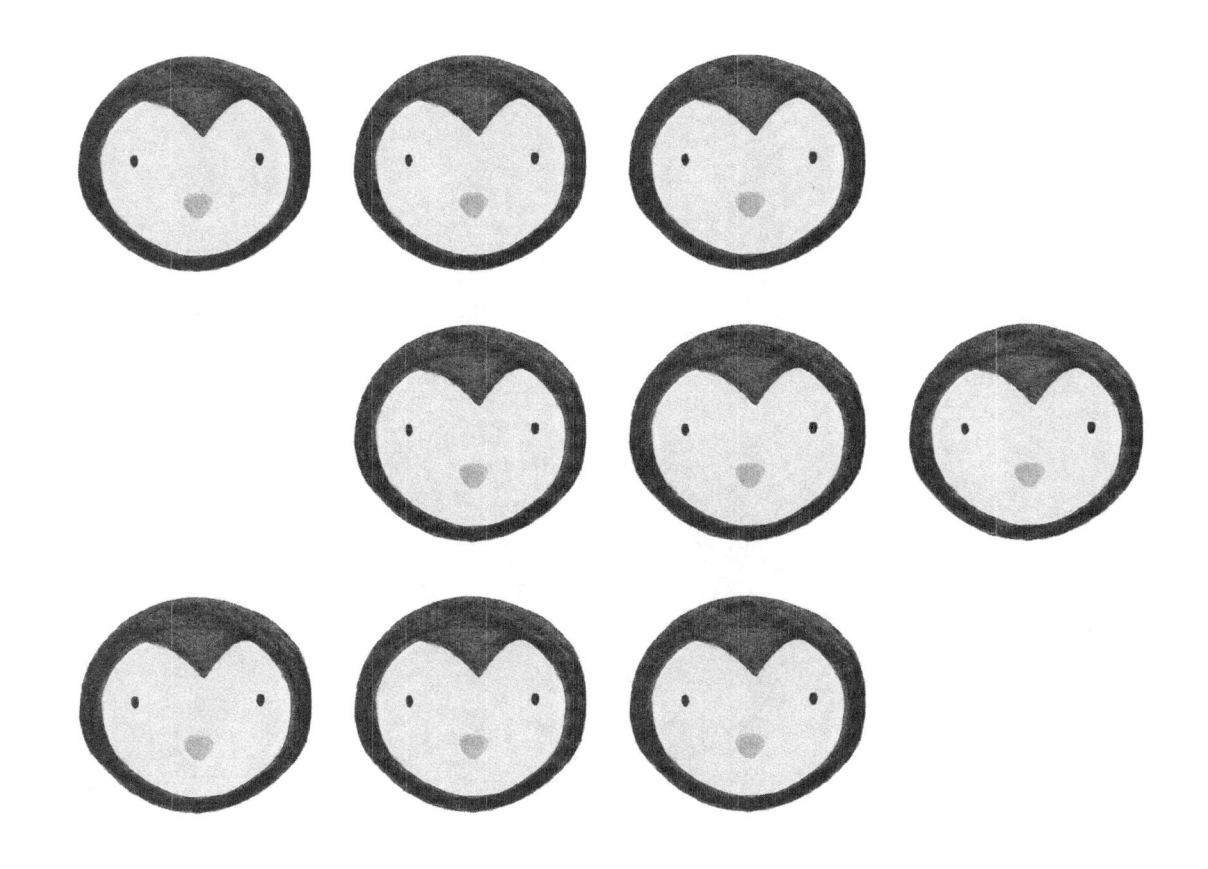

OCHO
[8]

NUEVE
[9]

SIETE
[7]

Name:_____ Date:_____

How many can I count?

Directions: Count the giraffes below and circle the correct number.

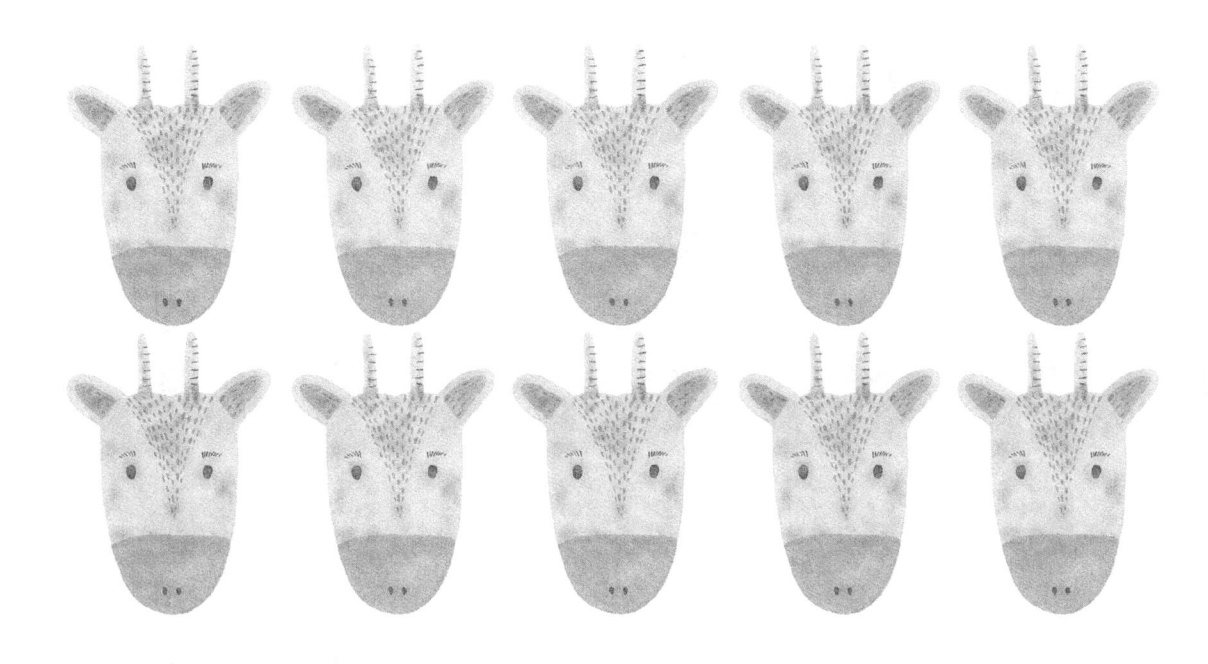

SEIS

6

Diez

10

NUEVE

9

Brain Break

O	S	H	C	B	H	Q	G
T	E	M	O	C	I	Ó	N
A	P	P	R	W	I	R	U
V	K	R	R	R	P	Á	R
I	G	I	E	C	N	P	H
Ó	H	S	R	Z	V	I	H
N	B	A	U	D	M	D	B
C	A	N	S	A	D	O	L

AVIÓN
AIRPLANE

CORRER
TO RUN

RÁPIDO
FAST

CANSADO
TIRED

Name:_____ Date:_____

Count the Objects

Directions: Count the objects below and then write the correct number.

Rato _____   Sombrero _____   Café _____

Subtracting Numbers

Write the correct numbers in the blanks below.
The first answer has been filled in for you.

Veinte − Doce = Ocho

Diez − Uno = _____

Quince − Seis = _____

Dieciséis − Cuatro = _____

Dieciocho − Siete = _____

Catorce − Tres = _____

Diecinueve − Nueve = _____

Trece − Dos = _____

Doce − Cinco = _____

Diecisiete − Ocho = _____

Subtracting Numbers

Write the correct numbers in the blanks below.
The first answer has been filled in for you.

Veinte - Quince = _Cinco_

Quince - Cuatro = _____

Dieciocho - Diez = _____

Diez - Uno = _____

Trece - Siete = _____

Doce - Tres = _____

Catorce - Ocho = _____

Dieciséis - Cinco = _____

Diecisiete - Nueve = _____

Diecinueve - Seis = _____

Subtracting Numbers

Write the correct numbers in the blanks below.
The first answer has been filled in for you.

Diecinueve - Doce = SIETE

Quince - Tres = _____

Dieciocho - Cuatro = _____

Diez - Dos = _____

Trece - Nueve = _____

Doce - Seis = _____

Catorce - Uno = _____

Diecisiete - Ocho = _____

Veinte - Diecisiete = _____

Dieciséis - Cinco = _____

Subtracting Numbers

Write the correct numbers in the blanks below.
The first answer has been filled in for you.

Dieciséis - Cuatro = **DOCE**

Quince - Cuatro = _____

Dieciocho - Diez = _____

Diez - Uno = _____

Trece - Siete = _____

Doce - Dos = _____

Catorce - Nueve = _____

Diecisiete - Tres = _____

Diecinueve - Ocho = _____

Veinte - Quince = _____

Subtracting Numbers

Write the correct numbers in the blanks below.
The first answer has been filled in for you.

Dieciséis - Tres = __TRECE__

Quince - Seis = _____

Dieciocho - Tres = _____

Diez - Cinco = _____

Trece - Ocho = _____

Doce - Cuatro = _____

Catorce - Uno = _____

Diecisiete - Nueve = _____

Diecinueve - Dos = _____

Veinte - Diez = _____

Subtracting Numbers

Write the correct numbers in the blanks below.
The first answer has been filled in for you.

Dieciséis - Uno = __QUINCE__

Diecinueve - Cinco = _____

Quince - Ocho = _____

Diez - Tres = _____

Diecisiete - Cuatro = _____

Trece - Nueve = _____

Doce - Dos = _____

Catorce - Seis = _____

Dieciocho - Diez = _____

Veinte - Quince = _____

Brain Break

```
C O S A S H Q M
D I O S U Y T A
Y E P G A T O L
U K J G R P S E
M G N A C N I T
D H K L R V T A
C U I D A D O B
P E L U C H E L
```

GATO
CAT

COSAS
STUFF

MALETA
SUITCASE

CUIDADO
CAREFUL

PELUCHE
PLUSHIE

DEJAR
TO LEAVE

Pato
Duck

Name:_____ Date:_____

Count the Objects

Directions: Count the objects below and then write the correct number.

Cacto
_____

Miel
_____

Pluma
_____

Word Problems

Read each problem in Spanish
and write the correct number in the space below.

En una fiesta, había doce invitados. Si cinco de ellos se fueron antes del final, ¿cuántos invitados quedaron en la fiesta?

_____

Un vendedor tenía quince manzanas. Si vendió ocho manzanas, ¿cuántas manzanas le quedaron?

_____

En un estante de la biblioteca había veinte libros. Si se prestaron tres libros, ¿cuántos libros quedaron en el estante?

_____

Word Problems

Read each problem in Spanish
and write the correct number in the space below.

Marta ahorró dieciocho dólares. Si gastó siete dólares, ¿cuánto dinero le queda?

_____

Un paquete de dulces tenía catorce caramelos. Si comiste seis caramelos, ¿cuántos caramelos quedan en el paquete?

_____

En una granja, había diecisiete gallinas. Si cuatro gallinas pusieron huevos, ¿cuántas gallinas no pusieron huevos?

_____

Word Problems

Read each problem in Spanish
and write the correct number in the space below.

En un árbol había diez pájaros. Si dos pájaros volaron lejos, ¿cuántos pájaros quedaron en el árbol?

_____

En una caja había dieciséis chocolates. Si se comieron nueve chocolates, ¿cuántos chocolates quedaron en la caja?

_____

Juan tenía diecinueve canicas. Si perdió cinco canicas, ¿cuántas canicas le quedaron?

_____

Word Problems

Read each problem in Spanish and write the correct number in the space below.

En un partido de fútbol, el equipo local anotó cuatro goles y el equipo visitante anotó dos goles. ¿Cuál fue la diferencia de goles?

_____

Un vendedor tenía veinticinco camisetas. Si vendió doce camisetas, ¿cuántas camisetas le quedaron?

_____

En una canasta había treinta y dos manzanas. Si se quitaron ocho manzanas, ¿cuántas manzanas quedaron en la canasta?

_____

Word Problems

Read each problem in Spanish
and write the correct number in the space below.

Un estudiante contestó catorce preguntas en un examen y obtuvo nueve respuestas correctas. ¿Cuántas respuestas incorrectas tuvo?

_____

Un autobús llevaba a diecisiete pasajeros. En la siguiente parada, subieron seis pasajeros. ¿Cuántos pasajeros había en total?

_____

En una granja, había dieciocho gallinas y nueve patos. ¿Cuántos animales había en total?

_____

Word Problems

Read each problem in Spanish
and write the correct number in the space below.

Juan ahorró veinte euros y luego gastó quince euros. ¿Cuánto dinero le queda ahora?

———————

Un paquete de caramelos tenía treinta y dos caramelos. Si se comieron diez caramelos, ¿cuántos caramelos quedaron en el paquete?

———————

En una caja había veintiún lápices y se sacaron cinco lápices. ¿Cuántos lápices quedaron en la caja?

———————

Word Problems

Read each problem in Spanish
and write the correct number in the space below.

En una fiesta, había cincuenta invitados y se repartieron veintisiete rebanadas de pastel. ¿Cuántas rebanadas de pastel quedaron sin repartir?

_____

En una tienda, un artículo tenía un precio original de veinticinco dólares, pero estaba en oferta con un descuento de nueve dólares. ¿Cuál era el precio de oferta?

_____

Word Problems

Read each problem in Spanish
and write the correct number in the space below.

Marta tenía veintisiete monedas y perdió trece monedas. ¿Cuántas monedas le quedaron?

_____

En un partido de baloncesto, el equipo local anotó veintidós puntos y el equipo visitante anotó dieciocho puntos. ¿Cuál fue la diferencia de puntos?

_____

Un restaurante recibió cuarenta y dos reservas para la cena, pero tuvieron que cancelar diecisiete de ellas. ¿Cuántas reservas se mantuvieron?

_____

Word Problems

Read each problem in Spanish and write the correct number in the space below.

En una clase de música, había veintiocho estudiantes y se formaron grupos de cinco estudiantes. ¿Cuántos grupos se formaron?

_____

En un estante había treinta y cinco libros. Si se quitaron nueve libros, ¿cuántos libros quedaron en el estante?

_____

Carlos tenía treinta y dos lápices y le dio trece lápices a su amigo. ¿Cuántos lápices le quedaron a Carlos?

_____

Word Problems

Read each problem in Spanish
and write the correct number in the space below.

Un autobús tenía cuarenta y cinco asientos y ya estaban ocupados veintinueve asientos. ¿Cuántos asientos quedaban vacíos?

_____

En una venta de garaje, se vendieron veinticuatro juguetes. Si había treinta y uno en total, ¿cuántos juguetes quedaron sin vender?

_____

En un partido de fútbol, el equipo local anotó cinco goles y el equipo visitante no anotó ningún gol. ¿Cuál fue la diferencia de goles?

_____

Brain Break

D	S	P	I	E	Z	A	S
A	D	O	S	U	Y	T	Q
M	P	E	A	M	I	G	O
A	K	N	C	R	P	W	J
S	G	N	P	I	N	C	U
D	H	K	L	Z	D	V	G
P	E	L	O	T	A	I	A
W	G	V	J	F	B	N	R

AMIGO
FRIEND

JUGAR
TO PLAY

DAMAS
CHECKERS

PIEZAS
PIECES

DECIDIR
TO DECIDE

PELOTA
BALL

Brain Break

Circle some of your favorite snacks.

Made in the USA
Las Vegas, NV
27 February 2025